Das quiek-fidele Borstentier

Eine Geschichte in Versen von Mira Lobe
mit Bildern von Winfried Opgenoorth

Ellermann Verlag

3. Auflage 1985
© 1983 Verlag Heinrich Ellermann KG München
Alle Rechte vorbehalten
Printed in Germany
ISBN 3-7707-6230-4

Es war mal eine Frau,

die hatte eine Sau.

Da fuhr sie auf den Markt,

dort hat sie falsch geparkt.

Ein Mann in Uniform,
der ärgert sich enorm,

er nimmt sie alle zwei
mit auf die Polizei.

Die Sau läuft weg vor Schreck

und sucht sich ein Versteck.

Die Frau schreit laut: »Mein Schwein!« und rennt gleich hinterdrein.

Es saust die Sau und eilt sich sehr und alle Leute hinterher.

Sie rennt im Schweinsgalopp, sieht nicht den Ampelstopp,

macht schnell sich aus dem Staube, springt auf die Kühlerhaube...

Plumps – fällt sie dick und fett
aufs meterlange Brett

und fliegt – die Sau hat Schwein –
durchs Kaufhausfenster rein.

Doch dort probiert ein Mann
grad ein Paar Hosen an.

Es saust die Sau und eilt sich sehr,
der Mann saust schimpfend hinterher.

Die Sau entwischt ganz knapp,
sie rollt treppauf, treppab.

Bums! geht es krach und klirr!
Da liegt das Eßgeschirr.

Es stülpt ein Suppentopf
der Sau sich übern Kopf.

Es saust die Sau und eilt sich sehr

und die Verkäufer hinterher...

Sie flieht mit der Terrine schwupp! rein in die Kabine.

Dort kleidet sie sich dann
als feine Dame an,

probiert den Hut dazu,
probiert die Stöckelschuh,

rafft vornehm ihren Rock,
fährt in den fünften Stock:
»Jetzt bin ich schön und passe
auf die Café-Terrasse!«

»Was wünscht die gnäd'ge Frau?«
»Was Gutes!« sagt die Sau.

Sie schleckt und steckt den Rüssel
tief in die Sahne-Schüssel

und frißt sich rund und voll.
Doch als sie zahlen soll...

...da kann sie's nicht
und eilt sich sehr,
und alle Kellner hinterher.

In der Abteilung Sport
versteckt sie sich sofort,

kriecht tief ins Zelt hinein
und schläft ermüdet ein.

Doch mitten in der Nacht
ist sie dann aufgewacht.

Das Kaufhaus still und leer –
nur sie! Sonst keiner mehr;
ihr wird ganz einsam dort,
sie kehrt zurück zum Sport,

wo sie mit Fleiß trainiert und allerlei probiert...

bis man sie früh entdeckt,
wie sie am Reck sich streckt.

Sie flieht – ihr Schreck ist groß –
die Jagd geht wieder los!

Es saust die Sau
und eilt sich sehr,
das ganze Kaufhaus
hinterher.

Verzweifelt quiekt
das Borstentier,
man sieht es
auf dem Bilde hier.

Es hupft
zum Fenster raus,
nur fort
aus diesem Haus!

Es lenkt
der große Kran
grad abwärts
seine Bahn.

Zu zweit sind sie herumspaziert und haben alles ausprobiert.

Benommen, aber heiter
ziehn Sau und Katze weiter.

Im Spiegelkabinett
ruft sie: »Ich bin zu fett!«

Und gleich dann: »Gott sei Dank!
Ich bin schon wieder schlank!«

Sie folgt dem Menschenstrom
und kommt zum Autodrom.

Schon ist die Sau im Bogen
hoch durch die Luft geflogen

und landet unversehrt auf einem weißen Pferd,

das hinten wild sich bäumt
und vorne wütend schäumt,

es wirft in wildem Trab
den Reiter schließlich ab.

Die Sau fliegt hoch wie nie
bei dieser Luft-Partie

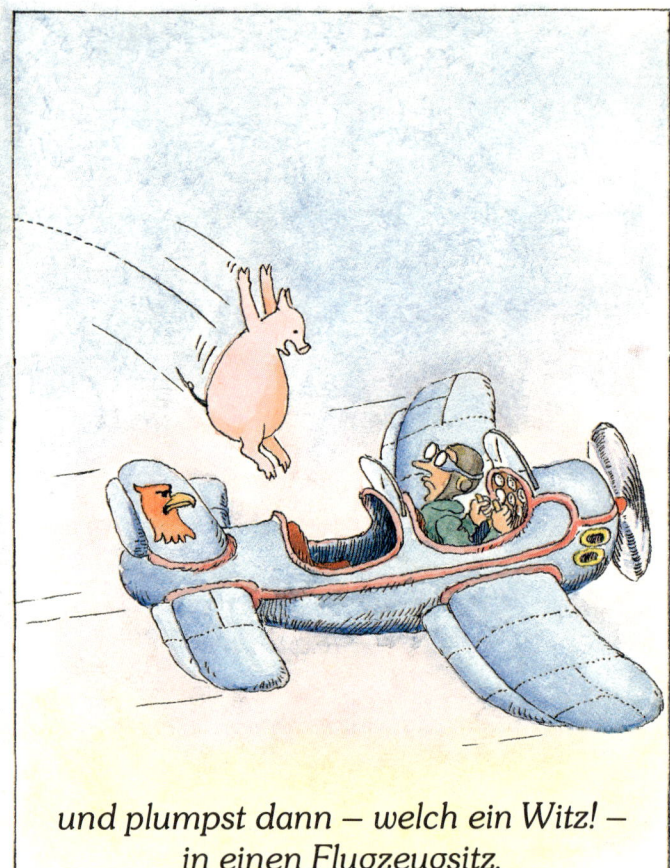

und plumpst dann – welch ein Witz! –
in einen Flugzeugsitz.

Vom Fliegen wird der Sau
im Kopf und Magen flau,

den Fallschirm umgelegt

holt sie tief Luft – und schwebt,

und landet ohne Säumen hoch oben in den Bäumen.

Da kommt ein starker Keiler, ein Ihr-zu-Hilfe-Eiler,